Suivons la carte

Initiation à la cartographie

Scot Ritchie

Texte français de France Gladu

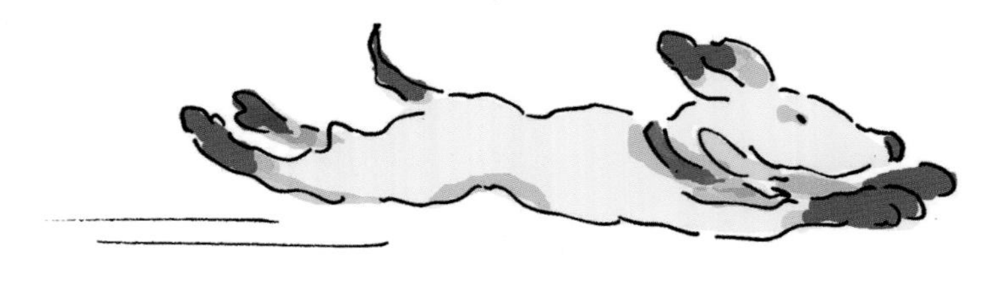

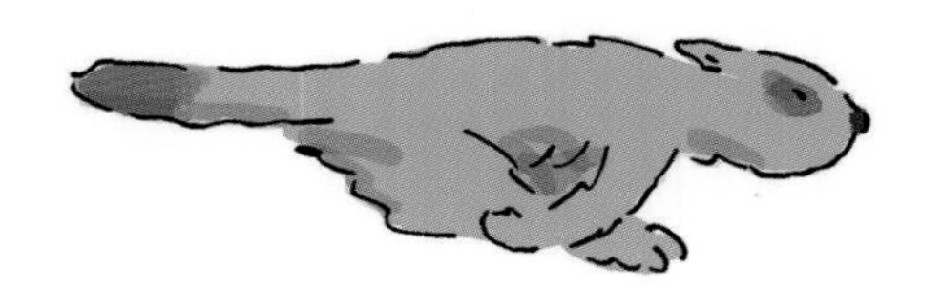

À ma famille et mes amis dans le monde entier — S. R.

Catalogage avant publication de Bibliothèque et Archives Canada

Ritchie, Scot
Suivons la carte : initiation à la cartographie / texte et illustrations de Scot Ritchie ; texte français de France Gladu.

Comprend un index.
Traduction de: Follow that map!
Niveau d'intérêt selon l'âge: Pour les 4-7 ans.

ISBN 978-0-545-98739-4

1. Lecture de cartes–Ouvrages pour la jeunesse. 2. Cartes géographiques–Ouvrages pour la jeunesse. I. Gladu, France, 1957- II. Titre.

GA105.6.R5814 2009 j912.01'4
C2008-904960-8

Édition publiée par les Éditions Scholastic, 604, rue King Ouest, Toronto (Ontario) M5V 1E1, avec la permission de Kids Can Press Ltd.

5 4 3 2 1 Imprimé à Singapour 09 10 11 12 13

Conception graphique de
Julia Naimska et de Kathleen Gray

Table des matières

Le point de départ

Sais-tu comment trouver un trésor caché? Sais-tu à quelle distance de ta maison se trouve le magasin de bonbons? Sais-tu comment te rendre à ton manège préféré au parc d'attractions? C'est facile! Joins-toi aux amis ci-dessous et suis la carte!

Une carte est un dessin qui te renseigne sur un endroit. Elle se compose de plusieurs parties. Cette carte-ci explique quelques-unes de ces parties.

Sur une carte, la **rose des vents** pointe toujours vers le nord. Certaines roses des vents indiquent les quatre points cardinaux : nord, sud, est et ouest.

L'**échelle** t'indique comment mesurer la distance. Sur cette carte, Sandrine se trouve à 16 km (10 mi) du point de repère.

Un **point de repère** est une chose facile à trouver, par exemple un gros immeuble.

Sur une carte, un **symbole** est un petit dessin qui t'indique ce que tu regardes.

LÉGENDE

Piste cyclable

Forêt

Lac

Point de repère

Sur certaines cartes, il y a des sentiers ou **parcours** qui t'aident à trouver ton chemin.

Sur la plupart des cartes, on trouve une **légende**. La légende explique ce que signifient tous les symboles qui figurent sur la carte.

Par une belle journée

Sandrine joue dans son jardin avec ses amis. Pedro remarque que Max, le chien de Sandrine, et Oli, son chat, ont disparu.

Où Max et Oli sont-ils donc passés? Les cinq amis décident de partir à leur recherche!

Je dois être rentré pour le souper!
Ne t'inquiète pas. Nous avons bien assez de temps.

Premier arrêt

Yannie a une idée! Max et Oli sont peut-être partis visiter leurs endroits préférés dans le voisinage. Les enfants se séparent et commencent leurs recherches.

Peux-tu retrouver le symbole du parc dans la légende, puis sur la carte?

Les symboles t'aident à repérer des endroits importants, par exemple l'hôpital, ton école ou ta maison. Les symboles sont expliqués dans la légende.

N
O
E
S
LÉGENDE
Magasin de bonbons
Bibliothèque
Parc
Maison de Sandrine

Suivons ce sentier

Sandrine pense que ce serait une bonne idée de chercher ensuite au parc. Elle emmène Max en promenade là-bas tous les jours. Les enfants vont suivre le parcours du début à la fin.

Regarde l'image attentivement : quelqu'un circule dans la mauvaise direction. Qui est-ce?

Tu peux voir le sentier que tu dois suivre pour ne pas te perdre. Sur cette carte, le parcours est tracé en jaune et la direction est indiquée par des flèches rouges.

En ville

Pas de Max ni d'Oli au parc. Yannie propose alors d'aller au zoo. Le chien et le chat ont peut-être décidé de rendre visite aux animaux.

Martin s'approche du zoo. Dans quelle direction court-il?

Sur une carte, la rose des vents t'indique les points cardinaux : le nord, le sud, l'est et l'ouest.

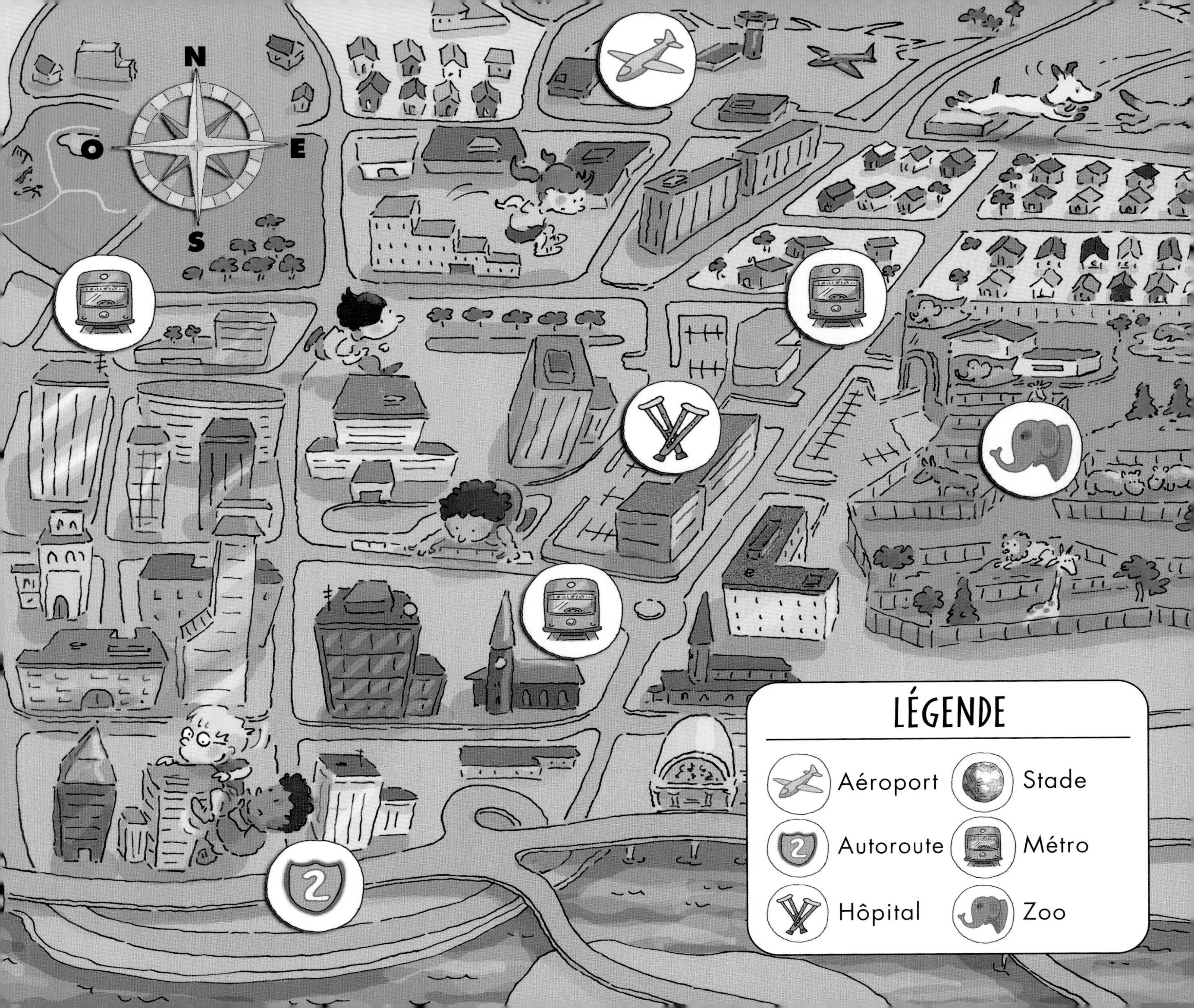
N
O
E
S
LÉGENDE
Aéroport
Stade
Autoroute
Métro
Hôpital
Zoo

En route vers la campagne

Toujours pas de trace de Max ni d'Oli. Pedro croit qu'ils pourraient être sortis de la ville. Les enfants prennent donc le chemin de la campagne.

À quelle distance Martin se trouve-t-il du tracteur?

(Indice : mesure la distance du bout du nez de Martin jusqu'à la grosse roue du tracteur.)

Sur une carte, l'échelle permet de savoir quelle est la distance d'un endroit à l'autre. Ici, les échelles t'indiquent la distance en kilomètres (km) et en milles (mi).

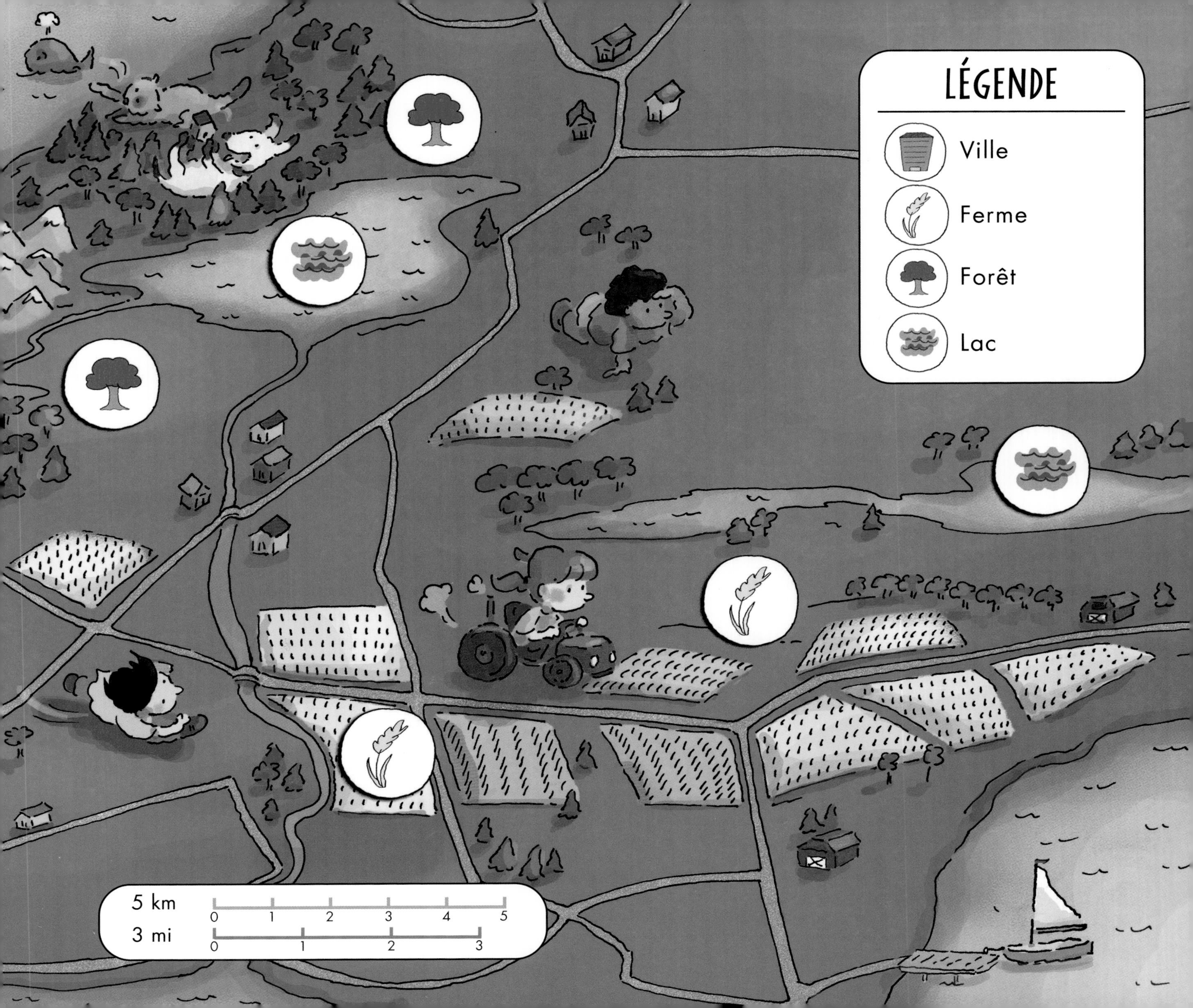
LÉGENDE
Ville
Ferme
Forêt
Lac
5 km
0 1 2 3 4 5
3 mi
0 1 2 3

Chaud, froid, humide et sec

Attention! Le temps change. Heureusement, Martin a pris son parapluie. Les enfants espèrent que Max et Oli ne sont pas trop mouillés.

Quel temps fait-il là où sont Max et Oli?

Une carte météorologique est différente des autres cartes. Elle indique s'il fait chaud ou froid et s'il pleut à un endroit donné.

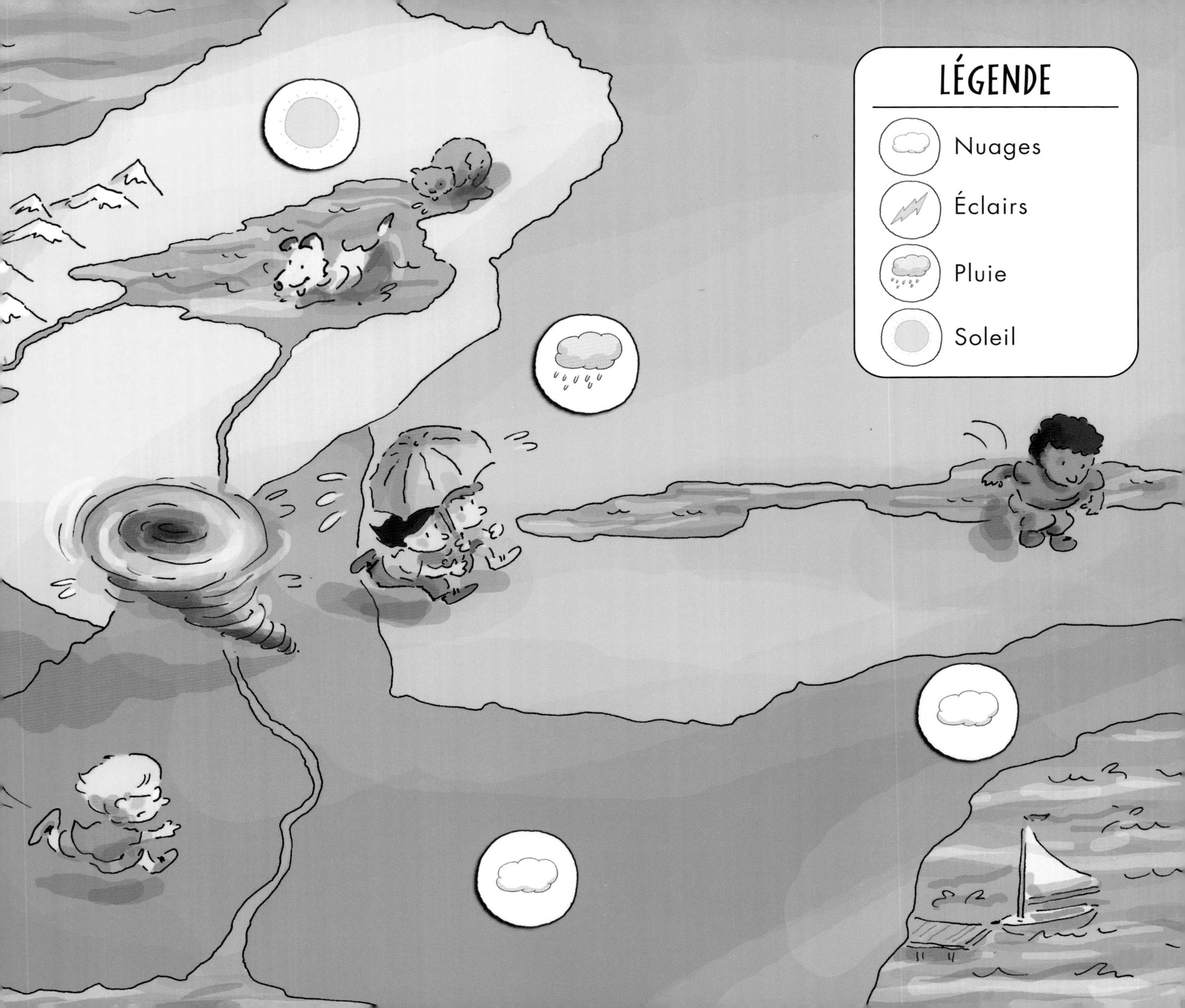
LÉGENDE
Nuages
Éclairs
Pluie
Soleil

L'endroit est marqué d'une croix

Lorsque le ciel s'éclaircit et que les enfants se sont séchés, Nicolas suggère une promenade en bateau jusqu'à l'île mystérieuse. Sandrine trouve une carte au trésor, mais les enfants ne trouvent ni Max, ni Oli sur l'île.

Suis les amis jusqu'à la surprise qui les attend.

Une carte au trésor est une sorte de casse-tête. Une croix marque l'endroit où se trouve le trésor!

N
O
E
S
Faire 7 pas vers l'est. Traverser le pont du Serpent. Sauter sur 8 pierres et s'arrêter avant la plage de l'Alligator. Aller vers le sud pour trouver le trésor. L'endroit est marqué d'une croix!

En haut, en bas et tout autour

Des billets pour le parc d'attractions! Quel merveilleux trésor! Les enfants sautent dans le train et les voilà partis.

Combien de montagnes le train va-t-il parcourir?

Une carte topographique indique les particularités naturelles d'un paysage. Elle sert à repérer les collines, les lacs et les montagnes.

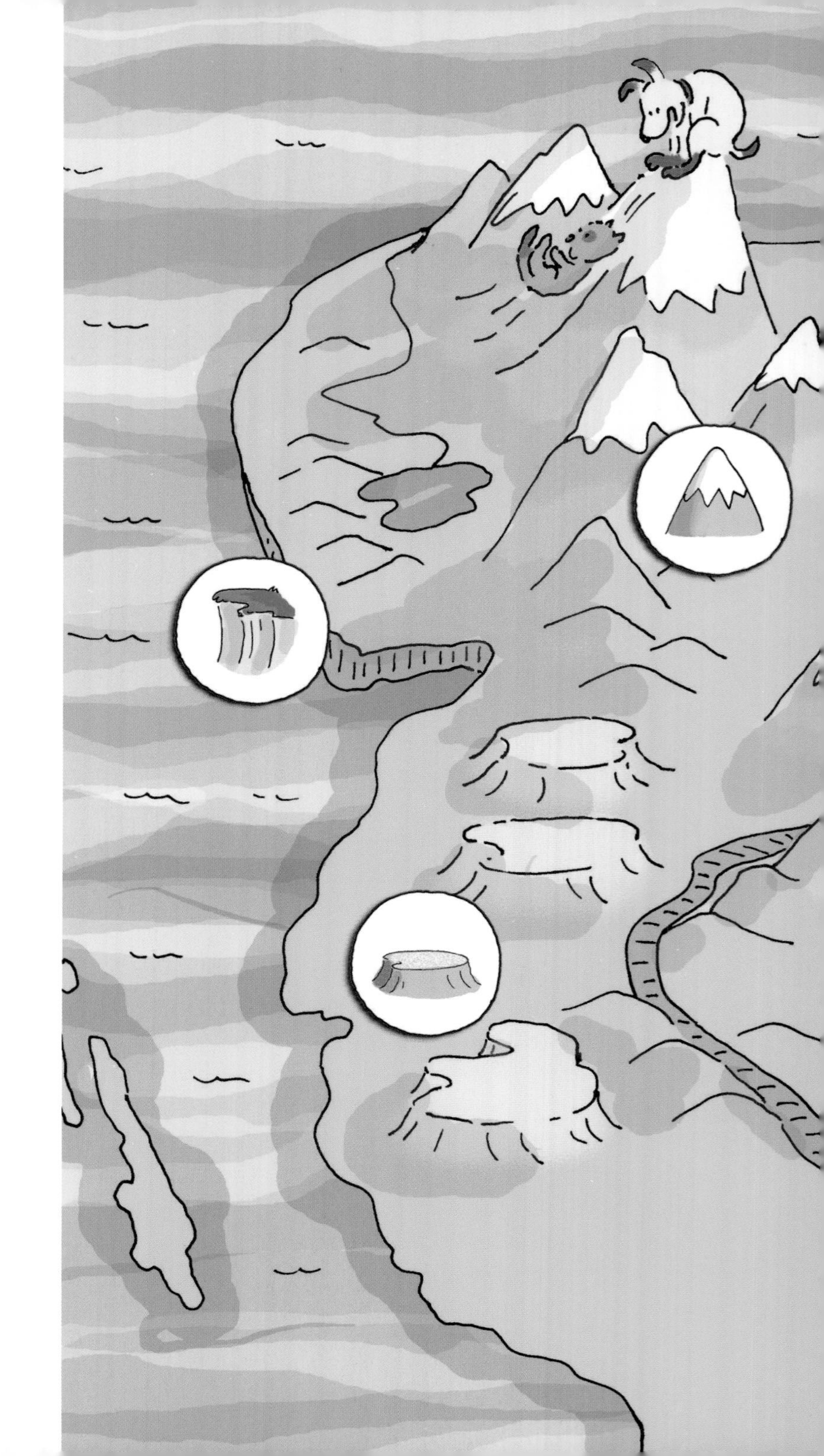

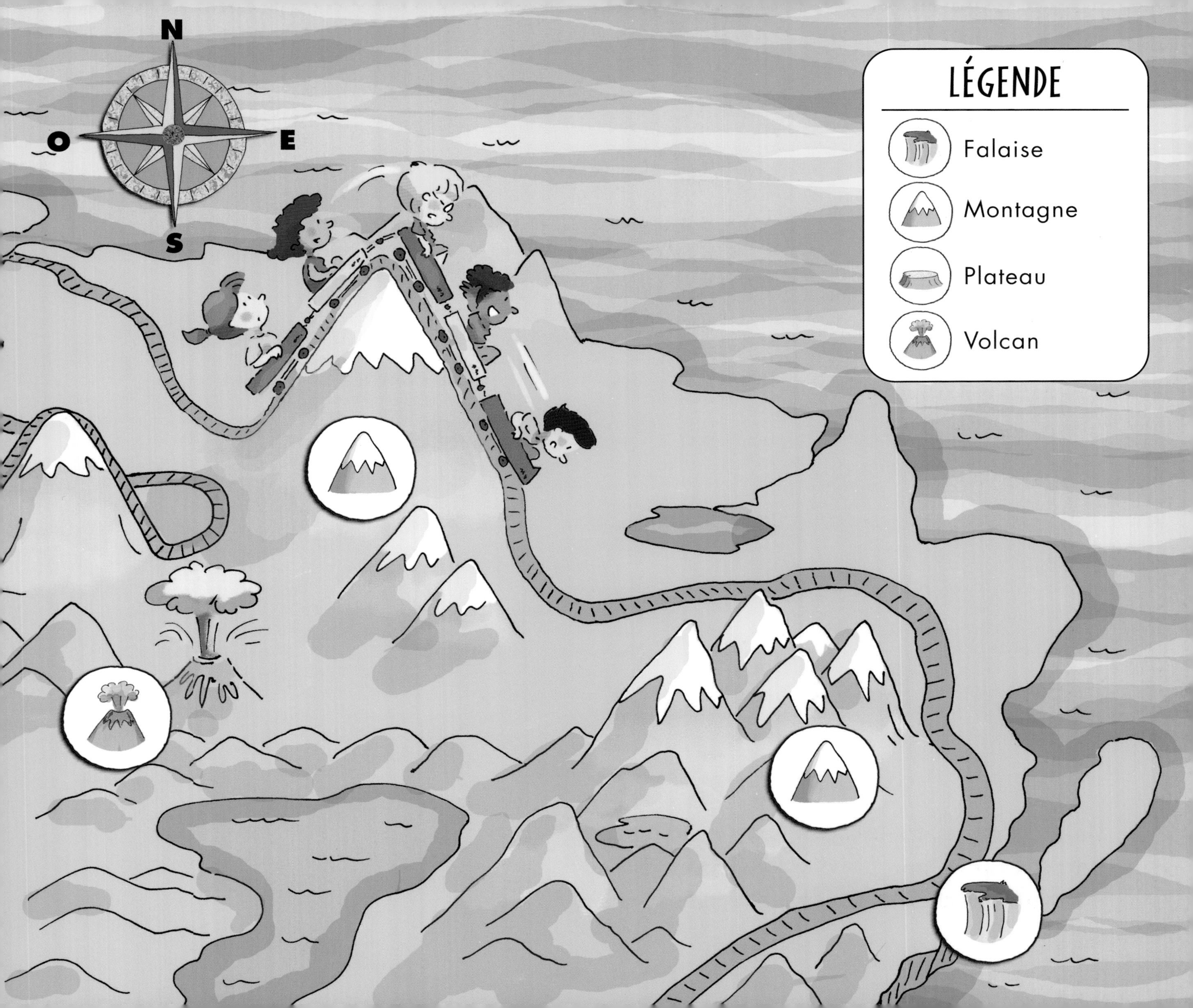
N
O
E
S
LÉGENDE
Falaise
Montagne
Plateau
Volcan

Du plaisir à n'en plus finir

Sandrine et Pedro s'amusent comme des petits fous dans la grande roue. Ils voient tout à des kilomètres à la ronde! Tout? Enfin, presque! Eh... regarde qui se trouve juste devant eux!

La grande roue est haute, mais il y a un point de repère encore plus haut. Peux-tu le trouver dans la légende, puis sur la carte?

Un point de repère est une chose facile à trouver. Il peut s'agir d'une grande statue, d'un immeuble important ou d'un arbre de forme étrange.

N
O
E
S
LÉGENDE
Restauration
Zoo
Le Tourbillon
Toilettes

Autour du monde

Les cinq amis ont eu tant de plaisir au parc d'attractions qu'ils en ont presque oublié Max et Oli. Sur quel continent peuvent-ils bien se trouver?

Dans quelle partie du monde irais-tu chercher Max et Oli?

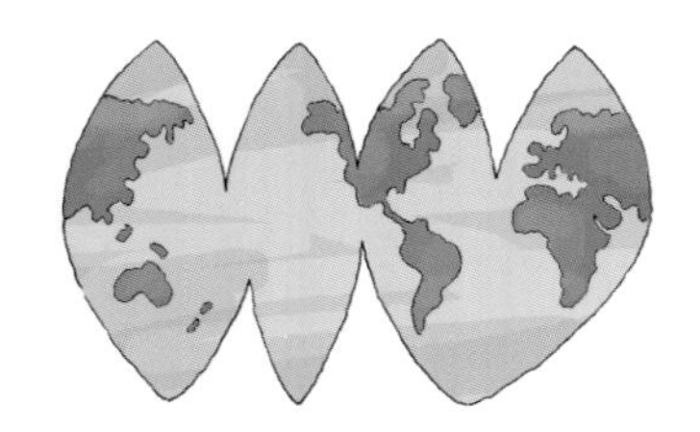

La Terre a la forme d'une orange. Pour te permettre de la voir en entier d'un seul coup d'œil, les créateurs de cartes « pèlent » sa surface comme une orange et la posent à plat. Sur une carte plane, le quadrillage incurvé rappelle la vraie forme de la Terre.

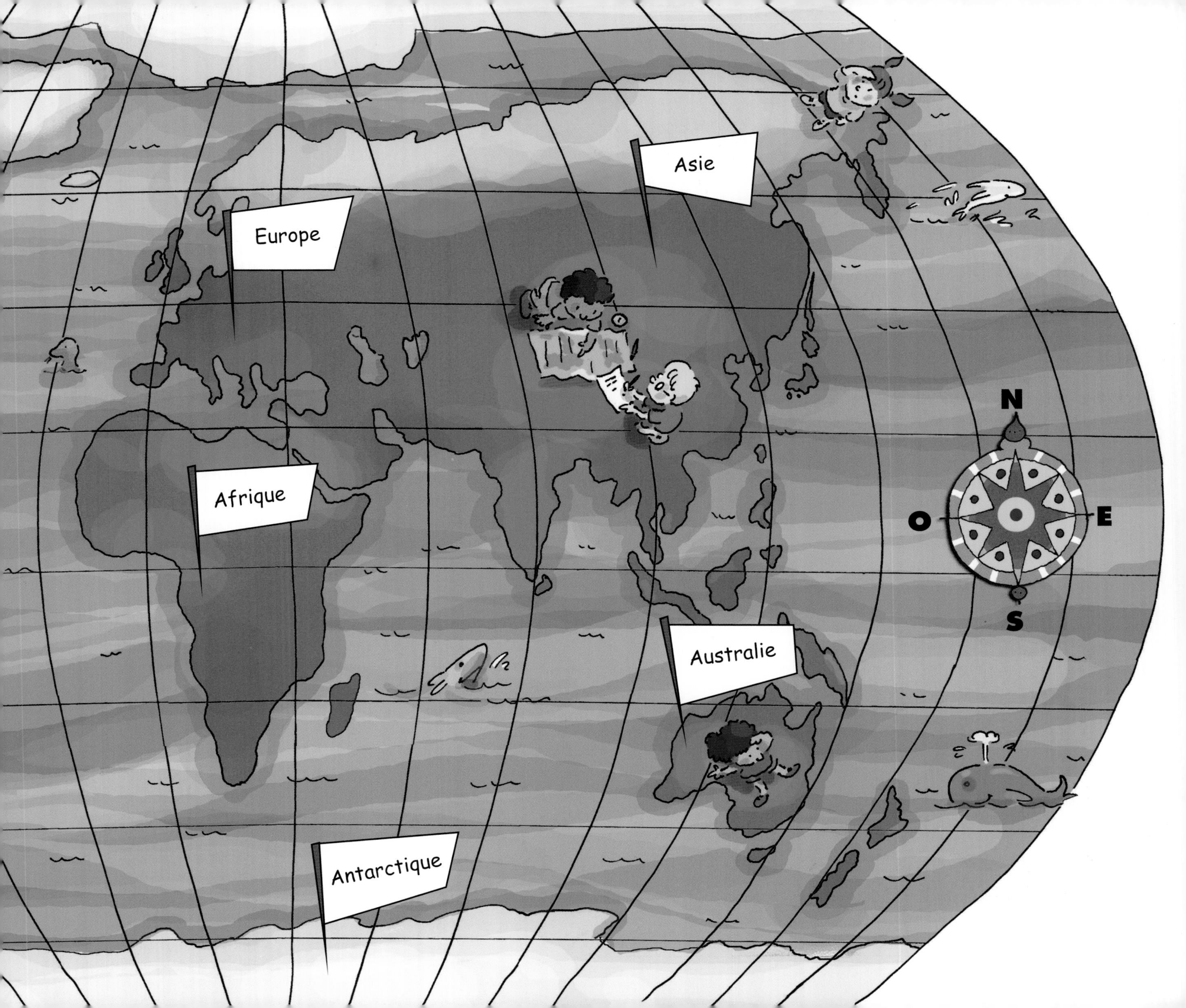
Asie
Europe
Afrique
Australie
Antarctique
N
O
E
S

Dans l'espace

Max et Oli peuvent se trouver n'importe où dans l'univers. Et l'heure du souper approche. Il reste juste assez de temps pour aller voir sur chaque planète.

Vers quelle planète se dirige Yannie?

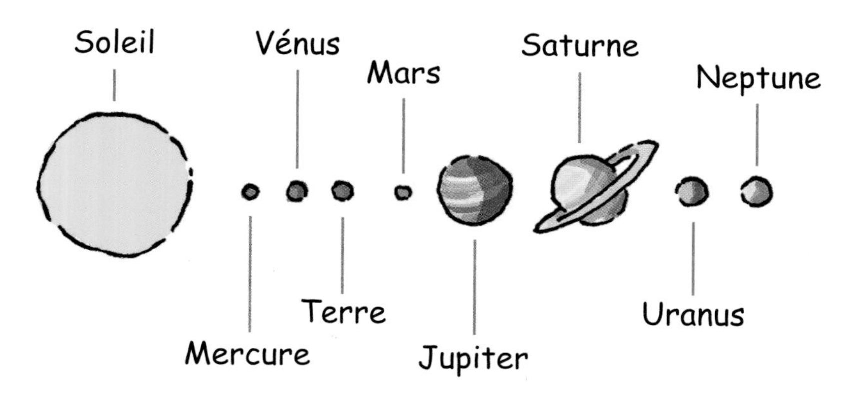

À l'aide d'un télescope, tu peux regarder les étoiles et même les planètes, mais tu ne verras jamais toutes les planètes en même temps. Cette carte te permet d'imaginer à quoi ressembleraient les planètes si elles étaient toutes alignées.

À table

De retour à la maison

C'est l'heure du souper! L'aventure est terminée pour aujourd'hui. Mais où sont Max et Oli? Les voilà! Ils font la sieste sous un gros arbre. Sont-ils restés là tout l'après-midi?

Je les ai trouvés!
Oui, mais cette fois, allons dans le futur!

Fabrique ta propre carte

Voici une carte de la chambre de Sandrine.

Tu peux fabriquer une carte comme celle-ci en suivant les étapes ci-dessous.

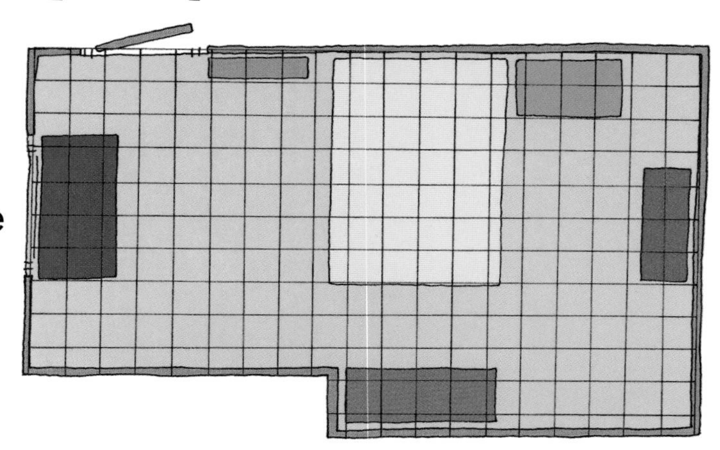

Étape 1 : Il te faut une feuille de papier quadrillée et un crayon. Si tu n'as pas de papier quadrillé, divise une feuille ordinaire en carrés égaux à l'aide d'une règle et d'un crayon.

Étape 2 : Mesure ta chambre avec tes pas. Chaque pas sera égal à un carré de ton papier quadrillé. Parcours ta chambre en largeur et en longueur et note le nombre de pas que tu fais.

Étape 3 : En te servant des mesures que tu as notées, dessine le contour de ta chambre sur le papier quadrillé. Souviens-toi qu'un carré égale un pas.

Étape 4 : Toujours avec tes pas, mesure la longueur et la largeur de chaque meuble de ta chambre. Sur ta carte, place chaque meuble à l'endroit où il se trouve dans ta chambre. N'oublie pas d'indiquer les portes et les fenêtres.

Étape 5 : À l'aide de marqueurs ou de crayons de couleur, colorie chaque meuble et crée une légende pour expliquer les couleurs.

Index